KB033294

강제동원&평화총서 - 감感·동動 9

우리 마을 속의
아시아태평양전쟁유적

인천광역시 동구

강제동원&평화총서 - 감感 · 동動 9

우리 마을 속의
아시아태평양전쟁유적 인천광역시 동구

초판 1쇄 발행 2020년 6월 15일

글·사진 | 김현석
발행인 | 윤관백
발행처 | 도서출판 선인

편　　집 | 박애리
표　　지 | 박애리
영　　업 | 김현주

등　　록 | 제5-77호(1998.11.4)
주　　소 | 서울시 마포구 마포동 324-1 곳마루 B/D 1층
전　　화 | 02)718-6252/6257　팩 스 | 02)718-6253
E-mail | sunin72@chol.com

정　가 6,000원
ISBN 979-11-6068-387-5 04900
ISBN 978-89-5933-636-4 (세트)

강제동원&평화총서 - 감感 · 동動 9

우리 마을 속의
아시아태평양전쟁유적
인천광역시 동구

김현석 글·사진

우리 마을 속의 아시아태평양전쟁 유적지 찾기

일본이 일으킨 아시아태평양전쟁(1931~1945)은 일본본토는 물론, 동남아시아·태평양·중국·타이완·남사할린 그리고 한반도 민중들에게 고통을 안겨주었다. 군인이나 노무자, 군무원, 위안부로 동원되어야 했고, 전쟁비용과 물자를 조달해야 했다. 곡물과 철광석·목재·약품 등 수십 종에 달하는 물자를 생산하고 수송해야 했다. 우리가 사는 터전을 일본군 부대의 막사로 내주어야 했고, 한반도를 일본의 총알받이로 만들기 위한 참호, 격납고와 고사포 진지, 비행장 등으로 파헤쳐졌다.

이런 곳을 '아시아태평양전쟁 유적'이라 부르는데, 남북한 전역에 걸쳐 무려 8천 군데가 넘는다. 압록강의 수력발전소는 물론, 해남 땅끝마을과 제주도에 이르기까지 탄광산과 군사 시설지, 공장이 흩어져 있다. 한반도 전역에서 아시아태평양전쟁의 현장이 없는 지역이 없을 정도이다. 도시든 농촌이든, 현재 우리가 사는 동네에서도 어렵지 않게 찾을 수 있다.

'우리 마을 속의 아시아태평양전쟁유적' 지역별 시리즈는 아시아태평양전쟁의 유적을 찾아 식민지 역사와 전쟁의 상흔을 되돌아보고 반전평화의 실천 방법을 고민하려는 이들에게 필요한 길라잡이다.

그동안 내가 살아왔고, 지금도 살고 있는 터전에 남아 있는 전쟁유적을 찾아보고 해방 후 지금까지 쌓인 사연을 되새겨 '공간의 기억'과 '공간의 스토리텔링'의 빈칸을 채워갈 수 있다. 이같이 어렵지 않게 평화로운 미래 만들기에 동참할 수 있으니, 한번 나서볼 일이다. 주말 편안한 차림으로 우리 동네 속의 숨은 역사를 찾아 돌아다니는 워킹투어에.

우리 마을 속의
아시아태평양전쟁유적 인천광역시 동구

해안도시 동구와 식민지 공장

동구는 해안도시다. 동쪽에 있어서 그런 이름이 붙었다. 그렇다고 해서 지금도 인천광역시의 동쪽에 있는 건 아니다. 과거 일제강점기 때 인천의 중심지는 차이나타운이 있는 지금의 중구 일대였다. 이곳에 일본인 부윤이 근무하던 인천부 청사가 있었다. 인천 부윤은 지금의 인천 시장과 같다. 일본인들이 새로 만든 청사는 여전히 중구청 건물로 사용 중이다. 광복 후 인천시청이 같은 곳에 들어선 까닭에 옛 인천부의 동쪽 해안마을들이 동구라는 이름을 갖게 됐다. 식민도시의 그늘이 아직도 이 마을들을 뒤덮고 있는 셈이다.

동구는 인구가 적다. 7만 명이 채 안 된다. 인천광역시의 인구가 300만 명쯤 되니, 전체 시 인구의 2%를 조금 넘는 셈이다. 해안을 따라서 공장들이 빼곡히 들어차 있는 것도 거주 인구가 많지 않은 이유 중의 하나다. 이들 공장 부지는 바다였던 곳을 매립한 땅이다. 인천의 바다는 개항 이후 구준히 매립돼 왔다. 특히 1930년대 진행된 대규모 해안 매립이 현재 동구의 모습을 만들었다고 해도 과언이 아니다.

일본은 육지로 변한 땅에 공장을 세웠다. 동양방적, 조선기계제작소, 도쿄시바우라제작소 등, 대공장들이 인천에 모습을 드러냈다. 이 공장들은 주인이 바뀐 채 아직도 그 자리에 있다. 살아 있는 유적이다. 공장 건물들은 그대로 있지만 아시아태평양전쟁기 이곳에서 일하던 조선인들은 사라졌다. 기록에서도 기억에서도 찾는 건 쉽지 않다. 그래도 공장 사람들이 살았던 사택에는 변함없이 사람들이 산다. 동구의 아시아태평양전쟁 유적은 박제되지 않은 채 나이테를 더해 가는 중이다.

인천광역시 동구에 남아 있는 아시아태평양전쟁 유적은 매립공사장까지 포함하면 수십 곳이 넘는다. 현재 쉽게 찾아볼 수 있는 곳은 공장과 사택이다. 대개 해안매립지에 집중돼 있다. 대표적인 것들을 추려보면 다음과 같다.

번호	유적지 이름	설명
1	동양방적 인천공장	만석동, 해방 후 동일방직 인천공장
2	아사히(朝日)장유	만석동, 1940년 설립
3	대성목재	만석동, 1942년 설립
4	나리타(成田)조선소	만석동, 목선화물선 건조, 인천육군조병창 하청공장
5	오니스가와(小曰川)조선소	만석동, 목선화물선 건조, 인천육군조병창 하청공장
6	오키하라(秋原)조선소	만석동, 목선화물선 건조, 인천육군조병창 하청공장
7	오히라(大乎)조선소	만석동, 목선화물선 건조
8	요시다(吉田)조선소	만석동, 목선화물선 건조, 인천육군조병창 하청공장
9	하야시(林)조선소	만석동, 목선화물선 건조, 인천육군조병창 하청공장
10	후지가와(藤川)조선소	만석동, 목선화물선 건조
11	히라야마(平山)철공소	만석동, 조선기계제작소 하청공장, 볼트, 너트 등 제작
12	조선기계제작소	화수동, 만석동
13	조선기계제작소 사택	만석동, 송현동 등
14	도쿄시바우라제작소	화수동, 광복 후 일진전기
15	도쿄시바우라제작소 사택	만석동
16	조선화학비료	화수동, 1938년 설립
17	조선차량제조	화수동
18	조선이연금속	송현동
19	조선강업	송현동, 1939년 설립
20	조선인촌 주식회사	금곡동, 1917년 설립

※ 출처 : 정혜경 제공

공장터는 여전히 공장으로 운영 중인 곳도 있다. 조선기계제 작소터에는 두산인프라코어가 자리 잡고 있고, 동양방적 인천 공장터는 동일방직 인천공장으로 변했다. 도쿄시바우라제작소 인천공장터도 근래까지 일진전기 공장으로 운영됐다.

공장 사택은 여러 곳에 남아 있다. 원형이 잘 남아 있는 곳도 많다. 대부분은 조선기계제작소 사택으로 전하고 있다. 만석동 괭이부리마을, 일명 '아카사키촌'과 송현초등학교 인근의 사택 지가 그 중 많이 알려진 곳이다. 도쿄시바우라제작소 사택지도 '동일방직 인천공장' 옆에 남아 있는데, 외형상 유일하게 옛 사 택의 모습을 유지하고 있던 건물이 최근 화재를 겪으며 소실돼 사라졌다.

그밖에 북성포구, 만석부두, 화수부두 주변에 있는 선박 수 리 업체들을 통해 일제강점기 조선소의 흔적도 더듬어 유추해 볼 수 있다.

1. 매립지

찾아가기

대중교통

○ 인천역 출발시
▲ 15번 버스 승차(역사 맞은편 인천역(차이나타운) 정류장) → 만석부
두 정류장 하차

승용차
▲ 동구 만석동 2-260 만석부두

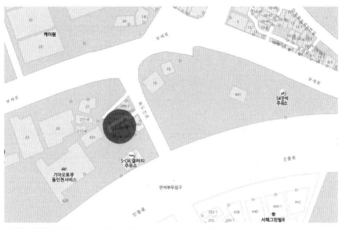

출처 : 인천광역시 지도포털(http://imap.incheon.go.kr)

　동구는 해안가에 조성된 도시였다. 만석동, 화수동, 송현동,
송림동 등은 모두 바다와 접해 있던 동네였다. 이 해안을 따라
서 낮은 구릉들이 연이어 있었고, 그 사이사이로 바닷물이 길게
뭍으로 들어와 갯골을 이루었다.

　바닷가 마을이었던 만큼 곳곳에 포구도 형성됐다. 지금은 과

거의 포구 모습을 전혀 찾아볼 수 없다. 다만, 후에 조성된 중구의 북성포구, 동구의 만석부두와 화수부두를 통해 근근이 이어 내려온 어업의 전통을 엿볼 수 있을 뿐이다. 1980년대 초까지만 해도 이들 부두들은 호황을 누렸다. 파시가 설 때마다 부둣가에는 사람들로 붐볐다. 조기, 민어, 새우 등이 철따라 만선을 이루었다. 지금은 선상 파시가 작게 열리기도 하지만 과거의 전성기에 비하면 부두의 기능은 거의 사라졌다고 봐도 과언이 아니다.

이곳들 말고도 한때 인천 해안에는 월미부두, 생선부두, 염부두, 수인부두 등으로 부르던 곳들이 규모를 달리하면서 10여 곳 넘게 운영되고 있었다. 일제강점기에 건설된 인천항 제1선거를 제외하면 어선들은 자유롭게 해안을 드나들었다. 그러한 풍경이 사라진 건, 1974년 인천항 제2선거가 확장되어 완공되면서 인천항 내항이 폐쇄된 채 등장한 이후다. 월미도와 소월미도를 연결해 만든 새 갑문도 이때 설치됐다. 인천항 일대를 출입하지 못하게 된 어선들을 위해 연안부두가 조성되면서 동구 해안은 물론, 인천항을 오가던 어선들은 기존의 부두들을 포기하고 연안부두로 몰려들게 되었다.

제2선거 건설 공사는 이미 1945년 8월에 40% 가량의 공정률을 보인 채 중단됐던 사업이었다. 일본은 북인천항 개발이나 경인운하 건설 등을 계획하면서 인천항 선거도 확장시키려고 했다. 전쟁 등으로 인해 물동량이 늘어나고, 대형 선박의 접안도 고려해야 했기 때문이다. 일본이 생각했던 인천항 마스터플랜은 1960년대 무렵부터 비슷하게 이어져 진행돼 갔다. 경인운하 구상도 다시 제기되어 부평항이니, 율도항이니, 서울항이니 하는 내륙항의 조성은 물론, 섬들을 연결하는 대규모 매립 사업도 추진됐다.

광복 후 인천 해안이 크게 변하기 시작한 건 1960년대 초부터다. 막 산업화 구호가 꿈틀대며 등장하던 시기였다. 출발은 서구 해안이었다. 영등포 봉영여자중학교 설립자 이봉덕이 첫 삽을 떴다. 본래 이 바다 위에는 크고 작은 섬들이 꽤 많았다. 사돌곶도沙乭串島, 방마도放馬島, 포내여浦內嶼, 도루여都樓嶼, 도여都嶼, 사암도沙岩島, 북덕도北德島, 소북덕도小北德島, 소미도小米島, 삼도三島, 매장여梅粧嶼, 보도寶島, 안암도安岩島 등은 강화도와 연결되며 늘어서 있었고, 소율도小栗島, 축도杻島, 능도陵島, 명도明島, 승도升島, 토도兎島, 길무도吉舞島, 매도梅島, 도도桃島 등은 청라도靑羅島나 율도栗島와 연결되면서 동구 해안을 향해 있었다.

이봉덕은 이 섬들을 연결해 육지로 만들고, 그 터를 활용해 실업자를 구제하고 싶어했다. 8년가량 진행된 이 매립 사업은 완결을 짓지 못한 채 중단됐다. 그 뒤에 동아건설 등이 사업을 이어 받아 '동아매립지'를 완성했다.

인천의 바다는 여전히 매립 중이다. 인천 개항 후 지금까지 계속 이어져 온 매립 사업은 인천의 지형을 완전히 뒤바꾸어 놓았다. 개항기와 일제강점기 초기의 해안 매립이 인천항 확장, 혹은 거주지나 상업시설 등의 조성에 집중되었다면, 1930년대부터는 공장 건설이 매립의 주요 목표였다. 특히 일본의 대자본을 끌어들여 매립된 땅에 대공장을 건설하려고 애썼다. 그러한 추세는 아시아태평양전쟁기에 절정을 이룬다. 그리고 그 목표를 위한 타깃으로 주목받은 곳이 동구의 해안이었다.

지금의 동구 해안은 대부분 매립된 땅이다. 이곳은 지금도 공장들이 점유하고 있다. 두산인프라코어, 일진전기, 동국제강, 현대제철 등의 공장들이 나란히 서 있다. 모두 1930년대 건설된 공장터에서 성장한 회사들이다. 그밖에 내륙 쪽에도 인천차량제조 인천공장, 조선인촌 주식회사, 풍국제분, 제염소 등 다양한 업종의 공장들이 건설됐다. 1930년대 동구는 공장과 사택, 그리고 그곳에서 일하던 노동자들이 가득했던 거대한 공업도시였다.

그림 01. 동아매립지 인근 제방

그림 02. 매립이 계속 진행 중인 인천 해안

그림 03. 북성포구

그림 04. 북성포구의 목재 공장

그림 05. 만석부두

그림 06. 화수부두

  동구 북쪽 해안에는 묘도라는 섬이 있었다. 만석부두 입구
일대에 있던 작은 섬이다. 육지에서 그리 멀리 떨어져 있지 않
았다. 화도진에서 관할하는 포대가 이곳에 설치된 적도 있다.
묘도는 흔히 괭이부리라고 부르기도 하는데, 현재 괭이부리마
을이 있는 곳과 구별하기 위해서 이곳에 있던 마을을 원괭이부
리마을이라고 한다.

  지금의 만석동에 위치했던 이 섬은 이미 1900년대부터 매
립이 시작됐다. 이나타 가즈히코稻田勝彦란 일본인 사업가가 묘도
부근 해안을 매립해 육지와 연결시켰다. 그리고 묘도가 바라다
보이는 지금의 괭이부리마을 언덕 위에 팔경원八景園이란 건물을
세웠다. 일종의 휴양 시설이다. 이나타는 이나타 구미稻田組의 대
표를 맡았던 인물이다. 1861년 생으로, 이른 시기에 인천에 정
착해서 도로 건설, 광산 개발, 주안염전 축조공사 등의 사업을
벌여왔다. 팔경원은 만석감리교회 일대에 있던 것으로 추정되
고 있다.

  1910년대에는 역시 일본인 미쓰다 모모타로光田百太郎가 묘도

남동쪽 해안을 매립해 조선造船 공장 부지와 선입장船入場을 건설하는 계획을 추진했다. 만석동에는 지금도 선박을 수리하는 업체들이 여럿 있다. 한때는 선박을 제작하기도 했다지만, 지금은 수리가 주업무라고 한다. 만석동은 이후에도 동양방적 인천공장 부지 등 해안 매립이 계속 이어져 갔다.

만석동과 이웃한 화수동은 화도진공원, 일진전기, 두산인프라코어 공장 등이 있는 곳이다. 화도진공원을 기준으로 삼을 때, 북쪽과 동쪽 지역은 대부분 바다를 매립해 만든 땅이다. 화도진공원은 1879년에 설치한 화도진花島鎭이 있었기 때문에 붙은 이름이다. 개항 후 서울로 향하는 '해문海門'의 방어를 담당시키기 위해 만든 군사시설이다. 갑오개혁이 추진되는 1894년까지 운영됐다. 당시 인천 해안에는 화도진을 세우고, 부평 해안에는 연희진을 신설했다. 이후 화도진 건물은 모두 철거되어 흔적도 없이 사라지고, 폐허가 된 터에는 피난민들의 판자촌이 형성됐다.

화도진이 다시 관심을 받기 시작한 건, 1882년에 조인된 조미수호통상조약 체결 100주년을 앞둔 시점이었다. 이 무렵 자유공원에 있는 한미수교1백주년기념탑과 함께 화도진 복원이 기획되어 기념탑은 1982년에, 화도진공원은 1989년에 준공됐다. 화도진에서 미국과 조약이 체결됐다고 알려졌기 때문에 복원 공사가 진행된 것인데, 최근 조미수호통상조약 체결 장소를 화도진이 아닌 자유공원 일대로 추정하는 의견이 힘을 얻어가고 있는 상황이다.

그림 07. 화도진 터

그림 08. 만석감리교회 언덕

화도花島란 이름에서 눈치챌 수 있듯이, 공원 부지는 주변에 비해 지대가 꽤 높다. 주변 바다가 매립되기 전에는 해안 구릉과 같은 모습을 갖고 있었다. 인근에 있는 화도교회 자리도 구릉 지대다. 화도교회는 1907년 창립했다. 두 구릉 사이를 지나가는 화도로가 본래의 큰길이었고, 이 길은 구릉 밑의 쌍우물이란 마을과 연결된다. 후에 쌍우물로가 새로 생겨서 대로의 역할을 대신했다. 쌍우물에는 도시산업선교회도 자리를 잡고 있어서 노동자들이 수없이 오갔던 공간이기도 했다.

화수동은 일제강점기에 화수정花水町이라고 불렸다. 화수정 매립지 공사가 시작된 건 1937년 3월 13일이다. 이 날 기공식이 열렸다. 같은 해 6월부터는 만석정萬石町 매립지 공사도 시작됐다. 만석정은 지금의 만석동이다. 대략 만석부두에서 동양방적 인천공장 부지까지 걸쳐 있는 지역이다. 두 매립지는 조선기계제작소, 도쿄시바우라제작소, 조선제강소, 삼정물산, 조선시멘트 등의 회사에 공장부지로 팔렸다. 특히 만석동 해안 매립 공사에는 처음으로 펌프가 사용된 것으로 알려졌다. 기존에는 산을 무너뜨려서 그 흙으로 매립을 진행했는데, 이 공사 때는 물속의 토사를 파 올려서 매립하는 방식을 채택했다.

그림 09. 묘도 터

그림 10. 원괭이부리 마을

그림 11. 쌍우물

그림 12. 만석동의 조선(造船) 공장

화수동 매립지에는 1937년 10월, 사립송현보통학교가 준공됐다. 당시는 '화수정 매립지'였지만, 지금은 송현동에 해당한다. 송현동은 현대제철 인천공장과 동국제강 인천공장 등 철강업체들이 해안에 자리 잡고 있는 곳이다. 남쪽에는 수도국산이 있는데 만수산, 혹은 송림산이란 이름도 갖고 있다. 이 산 정상에 1908년에 만든 '송현배수지 제수변실'이 있다. 노량진 수원지에서 물을 끌어와 공급하던 상수도 시설이다. 그런 연유로 수도국산이란 명칭이 붙었다. 수도국산박물관도 이곳에 있다.

사립송현보통학교는 일본인 요시다 히데지로吉田秀次郎가 사비를 들여 세웠다. 인천상업회의소 회장을 맡기도 했던 요시다의 경력은 다채롭다. 원산에서 활동하다가 인천에 넘어왔는데, 원산에서는 호리상회堀商會 원산지점, 일본우선회사 원산지점, 정미소 사장 등을 지냈고, 인천에서는 조일양조주식회사 사장, 월미도유원주식회사 사장, 인천상업회의소 회장 등을 거쳤다. 그 중 조일양조는 한때 인천을 대표하는 술이라고 유명세를 탔던 '금강소주金剛燒酒'와 '금강학金剛鶴'을 만들던 회사다. 이곳에서 생산한 술이 인기를 얻은 만큼 인천 곳곳에서 양조장을 운영했지만 지금은 찾아볼 수 없고, 중구 선화동에 마지막까지 남아 있던 회사 건물도 2012년 철거됐다.

송현보통학교 개교 후 교장은 인천북상업학교장 무카이向井最一가 맡았다. 이 학교 내에는 간이직업학교도 설치됐다. 공장에 필요한 인력을 보급하기 위해서였다. 보통학교를 졸업한 학생들이 이곳에서 기계와 철공 관련 기술을 배웠다. 송현보통학교

학생들 중 일부는 여자정신근로대로 동원되기도 했다.

　'히노마루 하치마키'(일장기를 그린 머리띠-필자 주)에 '몸뻬'도 늠름하게 2일 용약 내지의 생산 전장으로 떠난 여자근로정신대의 사람을 감동시키는 헌금 미담이 있다. 인천부에서 여자근로정신대의 대원 모집을 시작하자 그곳 송현국민학교에서는 일반에 앞서서 졸업생 중 27명이나 응모하였다. 전형 검사를 한 결과 13명이 합격되었는데 그 부형들이 장행을 축하하는 뜻으로 돈을 모아 가지고 대원 한 사람에게 5원씩을 주었다. 그러나 대원들은 "우리도 장병과 꼭같이 전장에 나가는 몸인데 돈이 무슨 소용 있으리까"하고 그 돈을 그대로 국방헌금하기로 하고 모교 이와오岩尾 교장에게 수속을 의뢰하였는데 소녀들의 결의는 벌써 적 미영을 삼켜버리는 것이 있다. (『매일신보』, 1944년 7월 4일자)

　묘도가 있던 곳을 확인하기 위해서는 만석부두를 찾아가면 된다. 큰길 입구 쪽에서 부두를 향해 걸어갈 때, 왼편의 공장 지대가 섬이 있던 자리다. 화수동 매립지나 만석동 매립지는 묘도에서 시작해 구릉 지대를 먼저 확인하면 그 규모를 짐작할 수 있다. 괭이부리마을, 화도진터, 화도교회를 연결하는 구릉에서 봤을 때 바다를 향해 있는 낮은 지역이 대부분은 매립지다.

　현재의 송현동 역시 수도국산 외곽은 과거에 모두 바다였다. 이곳이 본격적으로 매립되기 시작한 것은 1925년 4월에 착공된 '갈밭 매립공사'부터였다. 일본인 이케다 스케타다池田佐忠가 공사를 맡았다. 부산축항 주식회사 대표를 지냈던 인물이다. 중국인 노동자들도 대거 공사에 투입됐다. 인근의 산을 허물어서 바다를 메운 까닭에 사고도 잇따랐다. 현창 상황이 위험하고 열악했기 때문인지 중국인 노동자들이 임금과 작업 방식을 문제 삼아 파업을 벌이기도 했다. '갈밭 매립공사'는 처음부터 잡음이 많았던 공사였다. 주민들도 흙을 계속 파내는 바람에 집 주변이 절벽으로 변하고, 허락도 없이 남의 집 담장을 허문다면서 항의를 이어갔다.

1925년 여름에는 침수 피해를 예방하기 위해 만든 수문통을 막으면서 인근 마을들이 물에 잠기는 사고도 발생했다. 수문통은 화평치안센터 앞에서 송현파출소 방향으로 연결되던 수로다. 지금은 도로로 덮어서 일부는 주차장으로 사용되고 있다. 수문통의 물줄기는 '배다리 헌책방거리'까지 이어지기 때문에 이곳이 막히면 송림동과 금곡동까지 문제가 생길 수밖에 없었다. 더구나 이 해는 '을축년 대홍수'가 일어난 해이기도 했다.

사람 잘 죽이고 상하기 잘하는 인천 송현리 매립공장은 또 이번 비에 침수가옥 100여 호를 내게 되어 일반 부근 주민들의 원성은 하늘에 닿았는 바, 작 14일 아침에는 화평리 주민 100여 명이 청부업자 좌등조에 달려가 일시 대소동을 일으켰다는데 그 자세한 내용을 들으면, 화평리에서 송현리로 들어가는 길을 끊어 송현리 등지에서 내려오는 물이 그곳으로 빠져 내려오면 화평리 일대는 전부 침수되어 막대한 곤란이 있을 터임으로 그것을 끊치 말라는 것인데 일편 송현리 등지에서는 그것을 끊어서라도 속히 물이 빠져야 될 것이라는 것으로 그리 된 것이라는 바 장차 어찌나

될는지 흥미 중에 주목할 바이라고 한다. (『시대일보』, 1925년 8월 15일자)

그밖에도 신흥동 앞바다가 1934년에, 송림동 해안이 1937
년에 각각 매립이 추진됐다. 매립 공사가 어느 정도 진행된
1938년부터는 북인천항 개발이 계획되었다. 당시 부천군 서곶
면 해안부터 김포군 대곶면 사암도 해안까지 매립하는 계획이었
다. 더 나아가서 주안염전이 있던 갯골까지 손을 대 대형 선박
이 접안할 수 있는 시설을 만들려고 하였다. 이 계획은 광복과
함께 성사는 되지 못했다.

그림 13. 송현초등학교

그림 14. 화수동 매립지

그림 15. 수문통 도로(송현파출소 방향)

그림 16. 수문통 도로(화평치안센터 방향)

그림 17. 송림동 수도국산 제수변실

그림 18. 수도국산박물관

2. 조선이연금속 주식회사 인천공장

찾아가기

대중교통

○ 인천역 출발시
▲ 15번 버스 승차(역사 맞은편 인천역(차이나타운) 정류장) → 공구상
가 정류장 하차

승용차
▲ 서구 중봉대로 155 가좌CNG충전소

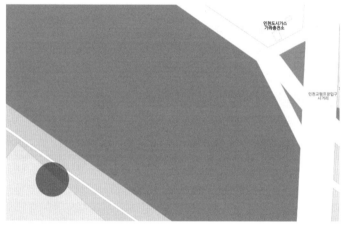

출처 : 인천광역시 지도포털(http://imap.incheon.go.kr)

제철, 제강 공장이었던 조선이연금속 인천공장이 있던 곳이
다. 1940년에 개업한 공장이다. 지금은 인천의 대표적인 제철
회사로 이름을 알리고 있는 현대제철 인천공장이 들어서 있다.

'이연理研'이란 이름은 1917년에 건립된 일본 '이화학연구소理
化學研究所'를 가리킨다. 재단법인의 형태를 띤 연구소인데, 단순

히 연구만 하는 곳이 아니라 '이연콘체른理硏 Konzern'을 통해 여러 개의 기업을 거느리며 통제한, 거대한 그룹의 핵심 기관이었다. 이화학연구소가 각 기업들을 지배하는 방식은 지분 확보를 통해서였다. 일종의 지주회사와 비슷하다. 1938년 말 기준 이연콘체른에 가입된 회사는 모두 47개사다. 이화학연구소의 소장인 오코우치大河內政敏 박사가 이들 기업들의 대표에 이름을 올려놓고 있다.

조선이연금속 주식회사 역시 이연콘체른에 포함된 일종의 자회사다. 대주주는 이화학흥업 주식회사이지만, 이화학연구소가 이화학흥업 주식회사의 대주주로 있으면서 회사 경영을 통제했다. 조선이연금속 주식회사의 사장 또한 오코우치 박사다.

조선이연금속이 처음 우리나라에 공장을 세운 곳은 대동강 연변의 항구도시 진남포였다. 기공식은 1939년에 있었다. 주요 사업은 금속제련인데, 주로 마그네슘과 알루미늄을 제련하는 공장이었다. 조선이연금속의 설립 자체가 금속마그네슘과 관련이 있다. 마그네슘은 알루미늄보다 가볍다. 그래서 금속마그네슘을 재료로 해서 생산하는 마그네슘 합금은 주로 항공기 제작 등에 사용되어 왔다.

금속마그네슘을 얻는 방법은 두 가지가 있다. 이화학연구소가 개발한 방법은 소금물을 원료로 활용하는 제조법이었다. 이것을 '이연법'이라고 불렀다. 이화학흥업 주식회사가 처음 이연법을 활용한 마그네슘 생산공장을 1931년에 설치했고, 뒤를 이어 1933년 이연금속회사가 일본에서 창설됐다.

그림 19. 조선이연금속 주식회사 터

그림 20. 1950년대 대한중공업공사 (『인천사진대관』, 1956)

그림 21. 1950년대 대한중공업공사 작업장 (『인천사진대관』, 1956)

그림 22. 1950년대 대한중공업공사 작업장 (「인천사진대관」, 1956)

이연금속회사가 1938년, 조선에 건설한 회사가 조선이연금
속이다. 한편, 만철 중앙연구소에서도 1929년 무렵부터 금속
마그네슘 제조를 연구해 왔다. 만철이 이용한 방법은 마그네사
이트광을 원료로 한 제조법이었다. 이 방법을 '만철법'이라고 부
른다. 만철이 자본을 투자해 만든 회사가 역시 1933년에 설립
된 일만마그네슘 주식회사다. 만철은 남만주철도 주식회사의
약자다.

조선이연금속은 마그네슘과 알루미늄 이외에도 텅스텐 제련
이나 철강 제조, 금광 채굴 등 여러 곳에 손을 뻗고 있었다. 이
회사는 진남포 공장 건설을 착수하던 무렵에 인천에 제철제강공
장을 세우기로 결정하는데, 동시에 조선이연고무공업 주식회사
인천공장의 건설도 시작하였다. 인천에 들어설 공장 부지는 당
시 송현정 해안 매립지가 활용되었고, 진남포 공장과 인천의 제
철제강공상은 1940년에 소업을 시삭했다. 이후 1953년에 이
공장터에서 대한중공업공사가 창립됐다.

마그네슘 합금은 지금도 휴대전화 프레임이나 철도차량, 자동차 부품 등에 사용되는 등 활용도가 높다. 이연금속 주식회사가 일본에서 처음 등장했을 때 제시한 활용 분야는 항공기, 각종 병기, 사진 조명 등이었다. 인접해 있는 조선기계제작소가 잠수함을, 도쿄시바우라제작소가 발전기를, 일본차량제조 인천공장이 철도차량을 만들면서 동구 해안가는 하나의 거대한 공장지대로 재편되어 갔다.

　　조선이연금속회사 인천공장은 광복과 한국전쟁을 거치며 대한중공업공사, 인천중공업 주식회사, 인천제철로 변화되어 갔다. 공기업이었던 인천제철은 1969년 부실기업 정리 조치를 단행하면서 산업은행 관리 아래 있었다가 1978년 현대중공업에 인수되면서 민영기업이 됐다. 이후 INI STEEL로 잠시 회사명이 바뀌었으나 다시 현대제철로 복귀되었다.

　　현대제철 인천공장은 고철부두와 연결되어 있다. 일반인이 부두 안까지 들어가는 것은 어렵지만, 걸어서 부두 주변을 둘러보는 것은 가능하다. 조선이연금속 주식회사 인천공장터를 확인해 보기 위해서는 일단 가좌CNG충전소 앞에서 시작하는 것이 좋다. 이곳에서 백범로를 따라 위쪽으로 올라가면 고철부두로 갈 수 있고, 남쪽으로 내려가면 현대제철과 동국제강으로 연결된 철강 회사의 외곽을 따라 걸어볼 수 있다. 공장의 규모와 함께 일제강점기부터 지금까지 계속 이어져 온 인천해안매립의 역사를 가늠해 볼 수 있는 공간이기도 하다.

그림 23. 현대제철과 고철부두

그림 24. 고철부두 앞 바다

3. 조선기계제작소 인천공장

찾아가기

대중교통

○ 동인천역 출발시(남부역 방향)

▲ 15번 버스 승차(동인천역 정류장) → 두산인프라코어 정류장 하차

○ 동인천역 출발시(북부역 방향)

▲ 506번 버스 승차(송현시장-수도국산달동네박물관 정류장) → 화수
부두 정류장 하차

승용차

▲ 동구 화수동 311-3 화수부두 공영주차장

출처 : 인천광역시 지도포털(http://imap.incheon.go.kr)

일제강점기 조선기계제작소 인천공장터는 지금의 두산인프
라코어 자리다. 1937년 건설됐다. 광업용 기계, 운송 기계 등
주로 기계류를 생산하던 공장이다. 만석동 해안 매립지에 건설

됐으며, 1937년 6월에 회사가 창립된 직후, 지진제(地鎭祭)를 거쳐 공장 건설을 시작했다. 같은 해 제1기 공사를 완료하였고 1938년 제2기 공사를 끝냈다.

조선기계제작소 인천공장에는 제1기계공장, 제2기계공장, 주철공장, 단조공장, 목형공장과 시험실, 식당 등 다수의 건물이 배치되어 있었다. 당시 광업용 기계는 물론, 늘어나는 각종 토목 공사에 맞춰 기계류에 대한 수요가 증가하자 공장확장계획이 진행됐다.

일제말기에는 소형 잠수정을 제작하기도 했고 공장 내에 도크도 설치되어 있었다. 광복 후 공장에 그대로 남은 잠수정은 고철로 불하됐다는 이야기도 전한다. 광복 때까지 인천에는 11개 소정도의 조선소와 선박 수선 공장이 있었다. 조선기계제작소에는 잠수함을 제작한 만큼, 5천 톤급 선박이 들어올 수 있는 선거가 구축되어 있었다. 기중기를 제외하고 작업을 통합해 연속으로 진행시킬 수 있는 체제가 공장 내에 설비되었으나 광복 직후에는 선박 건조보다는 수리에 한정해 운영되었다.

조선기계제작소는 공장 문을 연 후 기계류에 대한 수요가 급증하자 곧바로 확장 공사를 진행해 광복 직전까지 이어갔다. 1939년 기능자 양성공장으로 선정되기도 했고, 군납 회사로 지정되기도 했다.

인천육군조병창에서는 다시 긴급 특수병기의 정비에 활약, 보기 좋게 기한 내에 작업을 완수한 조선기계제작소를 표창, 그 공적을 상 주게 되었다. 이 명예스러운 표창장을 받은 그 제작소는 재작년 5월 군당국으로부터 긴급특수병기의 정비를 명령 받은 이래 사장의 진두 지휘 아래 전사원이 일치 단결, 모든 장애를 극복하여 가면서 불면불휴의 감투를 계속하여 보기 좋게 명령 받은 기간 내에 작업을 다하여 군의 긴급 요청에 보답한 것으로서 이미 그 완성기는 가열한 전선에 가입, 존귀한 활약을 하고 있는데 그동안 노구를 던져 감연히 작업에 돌진하여 마침내 직무에 수사한 마쓰오까(76), 쓰구다(27)의 두 전기 기사의 지순한 순직 등도 있어 군 관계자를 크게 감동시키고 있다. (『매일신보』, 1945년 1월 8일자)

그림 25. 조선기계제작소 인천공장 터

그림 26. 조선기계제작소 공장 터 사이를 지나는 인중로

　광복 후에는 미군정기에 백동승이 관리인을 맡아 운영하였으며, 1951년 귀속재산처리법에 의해 국영기업체로 선정됐다. 1955년에 해군으로 이관되어 운영되다가 1957년 다시 상공부가 관리하기 시작했고, 1963년 특별법인 '한국기계공업주식회사법'이 제정되면서 국유화되어 한국기계공업 회사로 재편됐다. 그 후 1976년 대우그룹이 인수해 대우중공업으로 이름을 바꿨고, 2000년 대우송합기세, 2005년 두산인프라코어를 거쳤다. 조선기계제작소 인천공장 터에 위치한 두산인프라코어 본사 내에는 이러한 회사의 역사를 확인할 수 있는 기념관이 설립돼 있다. 각종 자료들이 잘 전시되어 있지만 방위산업체이기 때문에 엄격한 절차를 거친 후에야 관람이 가능하다.

조선기계제작소 인천공장 터는 화수부두와 만석부두 사이에 있다. 인중로를 사이에 두고 맞은편에도 일부 공장 시설이 조성되어 있다. 방위산업체인 데다가 공장 뒤편과 옆면이 바다에 바로 접해 있고, 주변에 다른 업체의 시설 등이 들어서 있어서 공장 내 건물을 확인하는 것은 쉽지 않다. 광복 후 지금까지 계속 가동되고 있는 공장이어서, 항공사진 등을 참고하면 조선기계제작소 시절의 일부 공장 건물들도 제 위치에 그대로 남아 있는 것으로 추정되고 있다.

이곳을 찾아가려면 우선 화수부두를 방문하는 것이 좋다. 주차를 하기도 편리하고, 공장 건물을 조망하기 위해서도 부두에서 출발하는 것이 낫다. 두산인프라코어 회사 내에 있는 전시관을 방문하기 위해서는 넉넉히 한 달 정도 여유를 두고 방문 신청을 해 두는 것이 좋다.

그림 27. 만석부두에서 바라 본 조선기계제작소 뒤편, 바다와 바로 연결돼 있다.

그림 28. 화수부두 입구. 사진 왼편이 일진전기, 오른편이 두산인프라코어다.

4. 조선기계제작소 사택

찾아가기

도보

○ 동인천역(북부역 방향) 출발시

▲ 도보 이동(15분) → 수문통 거리 → 삼두2차아파트 → 송현초등학교

승용차

▲ 동구 송화로 45 송현초등학교

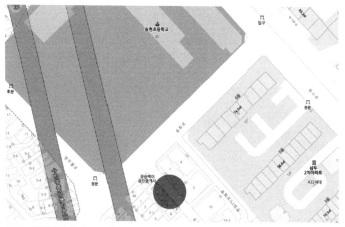

출처 : 인천광역시 지도포털(http://imap.incheon.go.kr)

　인천에 조선기계제작소 사택이라고 부르는 곳이 많다. 사실 관계 여부는 정밀한 조사가 필요한 부분이지만, 주민들은 오래 전부터 그렇게 불러왔다. 인천시립박물관이 간행한 『관영주택과 사택』이란 조사보고서에는 화수동 8, 9, 11번지 일대의 사

택과 송현동 66번지 일대의 사택이 소개돼 있다. 그 중 흥미로운 곳이 근로보국대 합숙소로 알려진 화수동 11-23번지 건축물이다. 조선기계제작소 공장터와 담장 하나를 사이에 두고 맞붙은 곳이다. 같은 대지 안에 있는 연립사택과 떨어져 독립적으로 건축됐다. 건축물대장을 참고할 때 1943년경 만든 것으로 추정된다.

외벽은 후에 시멘트 블록을 새로 덧대 변형됐지만, 대나무에 진흙을 발라 만든 내부 벽체는 그대로 남아 있었다. 가운데에 통행로가 있고, 양쪽에 방들이 있는 형태다. 통행로 위쪽으로는 지붕이 덮여 있었다.

주민들의 말처럼 일제강점기 전국 각지에서 조선기계제작소로 동원된 근로보국대의 합숙소였다면 역사적 가치가 크다고 볼 수 있는데, 아쉽게도 이 건물은 2016년 철거돼 공터로 남아 있다.

근로보국대 합숙소터 바로 옆의 연립사택은 흔히 '조선기계제작소 기술자 사택'이라고 부른다. 건립 당시에는 14동이 있었다고 하는데, 지금은 3동 정도가 잘 남아 있다. 거주민의 말에 따르면, '상량을 향나무로 만들어서' 천장에 올라가면 향나무향이 진동할 정도라고 한다. 외벽 일부가 변형되긴 했으나 전체적으로 잘 남아 있는 사택 중 하나이다.

화수동 기술자 사택지를 가려면, '화수3어린이공원'을 찾아가면 된다. 사택지 앞에 주차장이 있다.

그림 29. 일명 '근로보국대 합숙소' 터

그림 30. 화수동에 있는 일명 '조선기계제작소 기술자 사택'

화수동에는 '조선기계제작소 노동자 연립주택'이라고 부르는 곳도 있다. 화수동 35-11번지 건축물이다. 조선기계제작소터와 인접해 있어 그렇게 불러 온 것 같은데, 인천시립박물관 조사에서는 건립 주체를 알 수 없는 건축물로 분류된 곳이다. 송현동 56-82번지 연립주택도 마찬가지다. 4개 가구가 한 구역을 이루어 모두 8개 동이 있었던 것으로 추정되는 병렬식 연립주택지다. 일부는 철거돼 사라졌다. 근처에 건립된 솔빛주공아파트에 가려서 눈에 잘 띄지 않는 곳에 위치해 있다. 역시 조선기계제작소 노동자들이 거주했던 곳으로 언급되곤 한다.

송현동의 또다른 사택지인 삼두아파트 인근 사택은 '간부사택'으로 잘 알려진 곳이다. 다른 연립사택들과 달리 2층의 목구조로 조성되었으며, 외형만 봐도 당시의 사택 건물로 가늠할 수 있는 집들이 여러 채 남아 있다. 규모가 커서 일반 노동자들이 아닌 간부급 사원들이 이용했을 것으로 추정되고 있다. 그래서 '간부사택'이란 이름이 붙었다. 이 구역의 사택 중 원형을 가장 잘 보존하고 있던 곳이 송현동 66-181번지 가옥이다. 2층으로 오르는 목조 계단과 미닫이 문 등이 잘 남아 있던 곳인데, 2019년 철거돼 새 건물을 신축중이다. 송현동 사택은 송현초등학교와 길 하나를 사이에 두고 위치해 있다. 세계목욕탕 뒤편 골목으로 들어가면 된다.

그밖에 송림동 동산휴먼시아2단지아파트 자리에도 조선기계제작소 사택이 있었다고, 인근 주민들이 증언하고 있다. 부처산 구릉에 해당한다. 인천재능대학교가 들어선 작은 언덕을 부처산이라고 불러 왔는데, 일제강점기 이곳에 석불 210여 기를 조성하면서 붙은 이름으로 알려져 있다. 송림동 동산휴먼시아2단지 아파트가 들어서기 전인 1990년, 이 일대에 큰 사고가 하나 있었다. 언덕 위에 있던 박문여자고등학교와 선인중학교 사이 야산의 축대가 무너지면서 아래에 있던 집들이 매몰돼 23명의 사망자가 발생한 것이다. 65년 만의 최대 강우량을 기록할 만큼 폭우가 내리던 해였다. 재단 비리 등으로 오랜 기간 이어져 온 '선인학원 문제'를 다시 수면 위에 올려놓은 단초가 되기도 했던 이 사고 이후 아파트 단지 건립이 거론되기 시작했다. 당시 매몰 현장에는 후에 작은 체육공원이 조성됐다.

일제강점기 조선기계제작소 사택지의 건축물은 건축물대장 등을 참고할 때, 대개 1940년대 이후에 건립된 것으로 추정된다. 조선기계제작소가 제2기 공장확장공사를 끝마친 게 1940년이니 그 무렵에 사택 건설을 함께 추진한 것이 아닌가 싶다. 당시 새로 확장된 공장 부지는 화수동 일대에 걸쳐 있었는데, 이곳에 있던 130여 호의 조선인 가옥이 철거되기도 했다.

대인천 건설을 위하여는 소극적인 희생이 상반치 않을 수 없는 바이나, 주택난이 날로 심각화하여가는 항도 인천으로서 공장 건설이나 시가지계획령에 의하여 철거되는 가옥이 적지 않은 숫자에 달하고, 그 미치는 영향이 세민층으로 하여금 심각하여 놀라지 않을 수 없는 바이며, 인천으로서의 일대 사회문제라 아니할 수 없는 바이라 한다.

금번 부내 조선기계제작소에서는 공장부지로 매수한 화수정 (무네미) 10번지서 25번지에 이르는 일대 130여 호에 철거령을 내리었다는 바, 이 철거령을 받은 100여 주민은 이전지가 없을 뿐 아니라, 건축자재가 결핍되어 있는 작금 건축도 어려울 뿐아니라, 더욱이 점차 날은 차오니 어떻게 살아가나, 하고 벌써부터 공포에 떨고 있다는 바, 지주인 전기 공장으로서는 이전비나마 매간 5원 내지 8원 밖에 주지 않는다 하여 주민의 격분을 사고 있다 한다.

이에 100여 호 주민은 농성하고 끝까지 항쟁을 하고자 결의, 방금 이전비 증액 요구에 대한 소송을 제기하여 있다는 바, 과연 법의 재단은 어떻게 귀결을 지을 것인지 크게 주목을 이끄는 바이 다. (『동아일보』, 1939년 8월 25일자)

여러 곳에 흩어져 있는 조선기계제작소 사택지는 현재 건물이 남아 있는 화수동과 송현동을 중심으로 둘러보는 것이 좋다. 동인천 북부역으로 나오면 걸어서 돌아볼 만한 거리다. 내친 김에 조선기계제작소 등 해안가의 공장터까지 가 본다면 1930년 대 이후 동구 해안의 매립과 공장 건설 과정을 한 눈에 파악해 볼 수 있다.

그림 31. 송현동의 일명 '간부사택'

그림 32 '간부사택' 중 66-181번지 가옥 터

그림 33. 송현동 솔빛주공아파트 인근의 연립주택

그림 34. 만석동 괭이부리마을의 조선기계제작소 사택지

5. 도쿄시바우라제작소 인천공장

찾아가기

대중교통

○ 동인천역 출발시(남부역 방향)

▲ 15번 버스 승차(동인천역 정류장) → 두산인프라코어 정류장 하차

○ 동인천역 출발시(북부역 방향)

▲ 506번 버스 승차(송현시장~수도국산달동네박물관 정류장) → 화수부두 정류장 하차

승용차

▲ 동구 화수동 311-3 화수부두 공영주차장

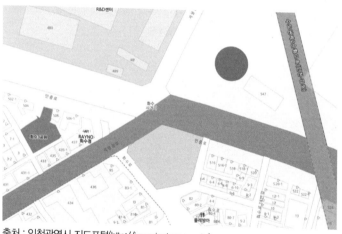

출처 : 인천광역시 지도포털(http://imap.incheon.go.kr)

1939년에 건설된 도쿄시바우라제작소東京芝浦製作所 인천공장이 있던 곳이다. 1875년 다나카 히사시게田中久重가 설립한 다나카제조소田中製造所를 기원으로 하는 회사다. 1893년, 미우라

은행三井銀行이 회사를 맡으면서 시바우라제작소芝浦製作所로 이름을 고쳤고, 1939년, 도쿄전기東京電氣 주식회사와 합병이 결정된 후, 5월 30일에 도쿄시바우라제작소東京芝浦製作所로 회사명을 바꿨다. 생산품은 발전기, 전동기, 변압기 등 대형 전기기기 등이 주였고, 해군 병기兵器도 다루었다.

시바우라제작소와 합병한 도쿄전기 주식회사는 1890년 백열사白熱舍란 이름으로 처음 설립됐다. 일본 최초의 전구 제조 회사였다. 1899년 도쿄전기 주식회사로 이름을 고쳤다. 백열전구 이외에 무선통신용 기기, 의료용 전기기기 등을 함께 제작했기 때문에 두 회사가 합쳐지면서 도쿄시바우라제작소는 종합 전기기기 생산 기업으로 확장해 갈 수 있었다.

아직 시바우라제작소이던 시절인 1938년, 인천 화수동 해안의 매립권 중 일부를 인천부로부터 양도받아 공장을 세울 준비를 시작해 1939년부터 본격적인 건축 공사에 들어갔다. 화수동 해안 매립은 인천부가 1937년부터 추진해 왔었다. A, B, C, D 구역으로 나뉘어 매립 공사가 진행됐는데, 그중 B구역과 C구역이 시바우라제작소가 매립권을 양도 받은 곳이다.

그림 35. 도쿄시바우라제작소 터

그림 36. 도쿄시바우라제작소 '사무소' 건물

그림 37. 이천전기 시절 회사 전경(『인천사진대관』, 1956)

그림 38. 이천전기 시절 공장 작업장(『인천사진대관』, 1956)

공장 건설은 시미즈 구미淸水組가 맡아서 진행했다. 기계공장, 판금공장, 주조공장 등이 들어섰고, 공장과 조금 떨어진 곳에 '사무소'도 설치했다. '사무소'는 제도실과 사무실 용도로 건설된 2층 건물인데, 아직도 공장 내에 원형 그대로 남아 있다. 공장 내부에 들어가기 어려운 상황에서 당시 공장 풍경을 담장 밖에서 쉽게 확인할 수 있는 건축물 중 하나다. 생산 업무에 필요한 기계 등은 일본에서 선박편으로 공수해 와 사용했다.

1943년 조선공업협회로부터 숙련공 양성을 위탁받기도 했으며, 1944년 조선총독부가 군수회사를 선정할 때에는, 그 중 한 곳으로 지정되기도 했다. 광복 후, 적산을 거쳐 국영기업으로 운영되다가 1956년 민간에 불하되면서 이천전기 주식회사로 바뀌었다. 이천전기 주식회사 역시 도쿄시바우라제작소와 마찬가지로 변압기나 전동기를 생산하는 회사로 자리잡아 갔다. 1980년대에는 도쿄시바우라 회사의 후신인 일본의 도시바 전기 회사와 기술협약을 체결하기도 했다.

이천전기 회사는 한때 삼성그룹의 자회사이기도 했으나, 1999년 일진그룹이 인수해 일진중공업으로 이름을 바꿨고, 2007년 일진전기가 일진중공업을 흡수, 합병하는 형태로 정리됐다. 이후 인천공장은 일진전기란 이름으로 남게 됐다.

2014년 말, 일진전기가 인천공장 설비를 충남 홍성으로 옮긴 후 공장 부지는 빈 상태로 남아 있는데, 공간이 넓고 옛 모습을 잘 보여주고 있어서 최근까지 수십 편의 영화나 광고 등의 촬영 장소로 인기를 얻어 왔다. 영화 '말모이', 드라마 '호텔 델루나' 등이 이곳에서 촬영을 진행한 작품들이다. 일진전기 부지는 활용이 논의되기도 하지만, 그와 동시에 도쿄시바우라제작소 시절의 건물 철거도 함께 우려되고 있는 상황이다.

도쿄시바우라제작소는 화수부두와 이어져 있다. 이곳을 찾아가기 위해서는 화수부두를 먼저 찾아가는 것이 좋다. 공장 담장을 따라 둘레길인 '부두길'이 조성되어 있으니 시간이 허락한다면 2시간 코스인 둘레길을 걸어보는 것도 나쁘지 않다.

그림 39. 화수부두로 이어진 공장 담장

그림 40. 공장 내 시설

그림 41. 화수부두에서 바라 본 공장 후면

6. 도쿄시바우라제작소 사택

찾아가기

대중교통

○ 인천역 출발시

▲ 2번, 15번, 28번 버스 승차(역사 맞은편 인천역(차이나타운 정류장))
→ 동일방직 정류장 하차

○ 동인천역(남부역 방향) 출발시

▲ 2번 버스 승차(역사 앞 동인천역 정류장) → 동일방직 정류장 하차

도보

○ 인천역 출발시

▲ 도보 이동(15분) → 인천역 2번 출구 → 동화마을 주차장 → 만석고
가교 → 도쿄시바우라제작소 사택

승용차

▲ 동구 만석동 34-1 만석동 주꾸미거리

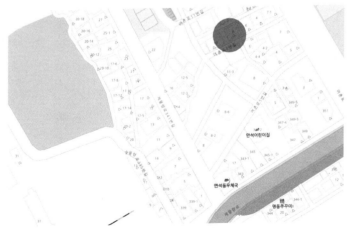

출처 : 인천광역시 지도포털(http://imap.incheon.go.kr)

도쿄시바우라제작소에서 건설한 사택지다. 이곳이 사택지였음을 확인할 수 있는 단서 중 하나가 1955년 경인일보 기사에 첨부된 작은 약도다. 당시 정부는 도시 미관이나 화재 등을 이유로 전국에 산재해 있는 판잣집들을 행정 명령 등을 통해 철거해 가는 중이었다. 한국전쟁이 끝난 지 얼마 안 된 시기였기 때문에 판잣집은 주로 피난민들이 만들어 거주하던 살림집인 경우가 많았다. 정부는 그 수를 대략 8만여 호 정도로 파악했다.

인천의 경우는 특히 휴전선과 가까운 탓인지 월남한 피난민들이 정착한 경우가 많았다. 화도진터, 송현동과 송림동 구릉 일대, 훗날 인하대학교가 들어서는 용현동 일대 등 인천 곳곳에 피난민들이 모여 만든 판자촌이 형성돼 있었다.

동양방적 인천공장 대지 안에도 꽤 많은 수의 판잣집들이 있었던 모양이다. 인천시는 이곳에 있는 판자촌 주민들에게 즉시 집을 철거하고 이전하라는 명령을 내렸다. 경인일보는 인천시의 조치에 맞춰, 동양방적이나 그 옆에 있던 대성목재 같은 회사들은 '국가적 기업'인데, 혹시라도 화재가 일어나면 큰 피해를 볼 수 있다는 취지의 기사를 실었다. 그리고 그 일대의 지도를 덧붙였다. 여기에 '대한석유 야적장', '대동석유 야적장', '미륭 야적장', '피난민 주택', '동방사택東紡社宅', '대성목재 사무실', '합판건조장', '동방공장', '창고' 등과 함께 '시바우라사택芝浦社宅'이 표시돼 있다. 유류 야적장은 도쿄시바우라사택지 옆에 있는 만석어린이공원 일대다. 일제강점기에 허가를 받아 설치됐다. 그 때는 약간의 등유를 보관하던 곳이라고 한다. 그 바로 앞은 바

다와 맞닿아 있었다. 지금도 일명 '십자굴'이라고 부르는 북성
포구의 바닷물이 인근까지 들어온다. 유류 야적장까지 모여 있
으니 방화의 위험성을 더 강하게 강조한 것이다. 유류 야적장도
철거의 대상이었다.

그림 42. 도쿄시바우라제작소 사택지

그림 43. 옛 대성목재 원목 야적장(『인천사진대관』, 1956)

대성목재 자리에는 현재 만석비치타운 주공아파트가 들어섰다. 바다와 바로 면한 곳이어서 가공되지 않은 원목들을 바다 위에 그대로 두어 보관하곤 했다. 사람들은 이 앞바다를 흔히 '똥바다'라고 부른다. 폐수와 오물 등이 그대로 흘러들어 뒤섞여 있었기 때문이다.

경인일보 지도에 표시된 '시바우라 사택'은 디아이동일 주식회사 서쪽 담장 앞 마을에 해당한다. 만석동 36-22번지 일대다. 담장과 지붕이 맞붙은 연립주택 형태를 띤 가옥들과 단독주택들이 일부 남아 있다. 대부분 변형된 상태다. 이곳 외에 공장 근처인 화수사거리 부근에도 사택이 건설된 것으로 알려져 있다. 이곳의 사택들도 몇 개는 잔존해 있다. 그 중에는 어린이집으로 활용되고 있는 곳도 있다. 화수동 7번지 일대다.

인천시립박물관 조사에 따르면, 화수동 사택은 1956년 이천전기회사에 불하되어 역시 사택으로 사용되었고, 만석동 사택은 이천전기회사가 소유하고 있다가 1970년에 민간에 이전됐다고 한다.

이곳 주민들은 일본기업의 사택이었다는 사실은 알고 있으나 회사 명칭은 잘 알지 못한다. 그래서 마을을 흔히 '사택'이라는 이름만으로 부르곤 한다. 집안에 화장실이 없는 곳도 있어서 거리에 공용화장실이 설치되어 있다.

도쿄시바우라사택지 일대는 사택 이외에도 근현대의 역사를 품은 공간이 곳곳에 위치해 있어 함께 연결해 둘러볼 만하다. 그 중 한 곳이 굴막이다. 굴막은 굴껍질을 까던 작업장을 말한다. 근처 '하꼬방'에 살던 만석동 주민들의 중요한 일거리 중 하나가 목재회사에서 바다에 띄워 놓은 원목의 껍질을 벗기는 일이었고, 또 다른 하나가 바로 '굴을 까는 일'이었다. '굴까기 공동작업장'을 겸한 굴 직판장이 최근에 생기면서 굴막은 모두 사라졌다. 현재 만석1차아파트와 만석3차아파트 사이가 이러한 굴막들이 모여 있던 곳이다.

그림 44. 화수동 사택지

그림 45. 굴막이 있던 '하꼬방' 터

굴막 자리에서 송월변전소를 향해 가다 보면 작은 구릉을 만나게 되는데, 여기는 개항 이후 형성된 외국인묘지가 있던 곳이다. 변전소와 바로 연결되어 있다. 1960년대에 청학동으로 옮겼다가 인천가족공원으로 이전되었다. 인천에는 주로 서양사람들이 매장된 외국인 묘역 외에도 일본인 묘역과 청국인 묘역이 별도로 조성되어 있었다. 지금은 모두 인천가족공원 내에 새로 조성한 외국인 묘역에 한데 모여 있다.

한편, 최근 철거된 사택지 근처의 신일철공소는 목선을 만들 때 사용하는 '배못'을 제작하던 곳이었다. 작은 철공소이지만 부둣가의 생활 모습과 선박 건조의 역사를 담고 있던 장소다. 박상규 장인이 2007년까지 운영하다가 문을 닫은 채 남아 있던 곳을 2019년 말 철거했다. 만석동우체국 인근에 위치해 있었다.

도쿄시바우라사택지를 찾아 가려면 만석동우체국이나 '주꾸미거리'를 목적지로 잡는 게 편하다. 만석동우체국은 1962년에 첫 업무를 시작한 우체국이다. 지금은 철길 옆을 벽으로 막아 놓아서 막다른 곳처럼 보이지만, 과거에는 철길을 걸어서 넘어다녔기 때문에 근처 송월동 주민들도 이 우체국을 이용했다. 인근 마을들의 랜드마크 같은 곳이다. 우체국 맞은편에는 주꾸미거리가 있다. 주꾸미를 조리해 파는 식당들이 모여 있는 곳이다. 부두와 가까운 지역 특성이 고려돼 조성된 거리다.

이곳까지는 인천역에서 걸어서 가는 것도 괜찮다. 그리 멀지 않은 거리다. 가는 길에 일제강점기에 설립된 애경사 터도 확인해 볼 수 있다. 애경사는 비누 등을 만들던 공장이었으나, 지난 2017년 철거돼 송월동 동화마을 주차장으로 변했다.

만석동 도쿄시바우라 사택지, 동양방적 인천공장 터, 그리고 괭이부리마을의 조선기계제작소 사택지는 나란히 연결돼 있다. 아시아태평양전쟁기 만석동 해안의 경관을 확인해 보는 것이 가능한 공간이다.

그림 46. 외국인 묘지 터

그림 47. 신일철공소 터

그림 48. 만석동 우체국

그림 49. 주꾸미 거리

7. 동양방적 인천공장

찾아가기

대중교통

○ 인천역 출발시

▲ 2번, 15번, 28번 버스 승차(역사 맞은편 인천역(차이나타운 정류장))
→ 동일방직 정류장 하차

○ 동인천역(남부역 방향) 출발시

▲ 2번 버스 승차(역사 앞 동인천역 정류장) → 동일방직 정류장 하차

도보

○ 인천역 출발시

▲ 도보 이동(15분) → 인천역 2번 출구 → 동화마을 주차장 → 만석고
가교 → 도쿄시바우라제작소 사택

승용차

▲ 동구 만석동 34-1 만석동 주꾸미거리

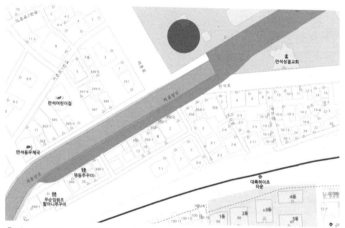

출처 : 인천광역시 지도포털(http://imap.incheon.go.kr)

동양방적 주식회사가 1934년에 건설한 인천공장 터이다. 지금도 '동일방직 인천공장'이란 이름으로 남아 있지만, 공장 가동은 2017년 말부터 사실상 멈춘 상태다. 이 해에 동일방직 주식회사는 회사 이름도 디아이동일 주식회사로 바꿨다. 이미 2014년 이후 시설 대부분을 베트남 등 해외로 옮기고, 건물은 창고로 사용중이라고 알려져 있다.

광복 후 동양방적은 적산기업으로 처리되어 미군정의 귀속재산이 되면서 동양방적공사로 개칭됐다. 당시 최남, R.버크대위 등으로 이어진 회사 관리인 중 한 명이 동일방직의 초대 사장 서정익이다. 1932년 일본 나고야名古屋공업고등학교 방직학과를 졸업한 후 동양방적 인천공장을 거쳐 중국에서 활동하다가 광복과 함께 귀국했다고 한다. 동양방적공사는 1955년 공매입찰을 거쳐 민간에 불하됐는데, 이때 서정익이 단독으로 입찰해 회사를 인수했다. 디아이동일 홈페이지에도 회사 설립일은 1955년으로 적혀 있다. 그 이후 공장의 외형이 크게 변하지 않아 현재의 디아이동일 주식회사 인천공장은 일제강점기 동양방적 주식회사 인천공장의 흔적을 어느 정도 보존하고 있다고 봐도 무리가 없다.

동양방적 주식회사는 일본 미에현三重縣에 본사를 둔 회사였다. 1914년 6월, 미에三重방적 주식회사와 오사카大阪방적 주식회사가 합병해 출범했다. 사장은 오사카방적의 야마노베 타케오山辺丈夫, 부사장은 미에방적의 이토 덴시치伊藤伝七가 맡았다. 1930년 말에는 오사카합동방적과의 합병까지 성사시켜 규모를

키웠는데, 인천공장 건설을 본격적으로 추진하기 시작한 것도 이 즈음이다.

일본의 방적회사들은 이미 중국 상해 등지에 현지 공장을 건설, 중국인 노동자들을 고용해 운영하고 있었다. 하지만, 중국과 일본과의 관계가 악화되면서 공장 내의 반일 운동에 의한 분규가 계속 일어나자 공장을 다른 지역으로 이전하려는 계획을 고민하기 시작했고, 임금이 싸고 면화 재배가 유리하다는 근거를 들어 조선을 최적지로 선택했다.

동양방적이 조선 내에서 가장 적합한 공장지대로 눈여겨 본 곳은 인천의 동쪽에 위치한 만석동 해안지대였다. 이미 해면 매립이 끝나 공지로 남아 있었고, 항구가 가까운 데다가 조선의 중앙에 위치해 있어서 후보지로 손색이 없었다. 다만, 물이 문제였다. 방적공장을 가동하기 위해서는 풍부한 물이 필수적인 조건인데, 이곳에서 샘물을 하나 찾긴 했으나 수량이 충분치 않았다. 이 문제를 해결하지 못해 결정이 지연되자, 1932년 4월, 마쓰시마松島 인천부윤과 요시다吉田 인천상공회의소 대표가 직접 일본 오사카에 건너가 동양방적 관계자들을 만났다. 둘은 이 자리에서 물이 문제라면 수돗물이라도 저렴하게 공급하겠으니 공장 건설을 확정해 달라는 요구를 하였고, 결국 4월 21일 인천부와 동양방적 사이에 공장 건설에 대한 가계약이 체결됐다. 그후 5월 13일, 인천부회의원 간담회에서 승인, 확정되면서 인천공장 건설이 본격적으로 추진되기 시작했다.

가계약의 내용을 대략 살펴보면, 첫째, 동양방적이 만석정에

약 2만 평의 공장 부지와 5천 평의 사택 부지를 지정하면 인천부는 이를 제공함과 동시에 공장 부지를 도로면보다 높게 성토盛土하기로 하였다. 둘째, 인천부는 제공하는 토지 내의 건조물 등을 완전히 철거하고 배수시설을 갖춰 1932년 8월말까지 회사측에 제공하기로 하였다. 만일, 인근 지하수의 양이 부족할 경우에는 인천부가 1톤 당 3전의 가격으로 수돗물을 제공한다는 내용도 약정되었다. 셋째, 동양방적은 부지를 취득한 이후 1년 이내에 공장 건설에 착수하고, 인천부는 조업에 필요한 남녀 노동자들을 알선해 주기로 했다.

인천부가 각종 혜택을 주면서 공장을 유치하며 내세운 목적은 경제부흥과 실업구제였다. 남녀 노동자들을 포함해 고용 인원은 1,500여 명 정도로 예상됐다. 당시로서는 적지 않은 숫자다. 그러나 한편으로 동양방적과 같은 대자본의 유입이 조선에 미칠 영향에 대해 걱정하는 목소리도 없지 않았다. 한 신문의 사설은 방적회사들의 '조선 진출'이 초래할 조선경제 잠식에 대해 일각에서 제기하던 우려를 잘 보여준다.

이러한 대자벌大資閥이 조선으로 진출하는 반면에 조선에 미치는 영향은 과연 어떠하냐. 다시 말하면 조선인의 이해관계가 여하한 결과를 초래하느냐는 것이 오인의 가장 관심처이다. 혹자는 말하리라. 만일 조선에 이러한 대규모의 공장이 시설된다면 수천 명 혹은 수만 명의 노동자를 수용하여 그들의 실업을 구제하는 동시에 그만한 생활을 유지할 수 있지 않느냐고 할 것이다.

그러나 그것은 사물의 일면만을 본 것이오, 그 전체를 보지 못한 것이다. 왜 그러냐. 아닌 게 아니라 공장 노동자의 수용력이 늘어가는 동시에 그에 상당한 임금은 얻을 수 있을 것이며 따라서 그것은 사실이다. 그러나 그 반면에 조선인의 경제계에 얼마나한 타격이 있을 것을 고려하지 않으면 안 될 것이다. 연래의 통계가 말하는 바와 같이 일본의 자본주의가 조선으로 진출한 이래 조선 전체의 경력은 발전하였지만 조선인의 경제력은 날마다 위축한다는 것은 부인치 못할 것이다.

그럼으로 만일 참으로 조선인의 장래를 위하여 우려하는 이가 있다면 그들 대자벌의 진출에 대하여 상당한 대책을 강구하지 않으면 안 될 것이다. (「중외일보」, 1930년 4월 30일자)

그림 50. 1950년대 동양방적 인천공장 전경 (「인천사진대관」, 1956)

그림 51. 1950년대 동양방적 인천공장 내 작업 모습 (『인천사진대관』, 1956)

그림 52. 1950년대 동양방적에서 운영하던 기숙사 (『인천사진대관』, 1956)

1932년 6월부터 이듬해 2월까지 공장 부지에 대한 기초공사가 진행됐고, 1933년 3월부터 시작된 건축 공사는 1934년 7월 30일 준공 인가를 받으면서 끝났다.

직공 모집은 공장이 준공되기 이전인 1933년 말부터 시작됐다. 모집 대상은 남자보다 여자가 훨씬 많았다. 1934년 2월에 밝힌 모집 예상 인원은 남자 200명, 여자 1,200명이었다. 지원 자격으로 공표한 것은 보통학교 졸업 정도의 수준을 갖춘 14세부터 20세까지의 독신 여성, 20세 미만의 신체건강한 남성이다. 이러한 조건은 일본 내에서 운영하던 방식과 거의 비슷했다. 일본에서도 동양방적에 입사하기 위해서는 여성의 경우 '15세 이상, 심상소학교 졸업 이상의 학력을 소유한 자'이어야 했고, 체격 검사를 별도로 시행했으며 부모의 동의를 얻어야 했다. [1]

채용 업무는 인천공장 내 사무소, 혹은 인천부립소개소 등에서 맡았으나 타 지역에서 모집해 직원들이 직접 파견나가 인솔해 오는 경우도 있었다. 규모도 적지 않아서 1936년 3월까지 경상북도 문경군의 점촌역에서 동양방적 인천공장으로 인솔되어 떠난 이들만 650여 명에 달했다고 한다.[『동아일보』, 1936년 3월 19일자]

동양방적이 아직 출현하기 이전인 미에방적 시절에도 조선 여성들이 일본에 건너가 방적공장 노동자로 일을 한 적은 있었다. 역시 14세 이상, 25세 이하의 여성들을 대상으로 하였고, 대개 3년의 고용 계약을 체결하였다. 이 무렵은 공장들이 조선

1) 上泉抱春,『東洋紡績浜松工場女工教養一斑』, 1929.

에 속속 건설되던 때여서 방적공장에 들어가려는 사람들이 그리 많지 않았던 것 같다. 임금도 다른 공장들에 비해 상대적으로 적었다고 한다. 그런 사정 때문에 일본의 각 방적회사들은 조선에서 노동자들을 모집하기 위해 한 명 모집하는 데 3원씩의 대가를 지불하고 조선인을 모집책으로 활용하기도 했는데, 연령 제한이 있다 보니 민적을 위조해 어린 아이들을 공장에 보내려는 시도가 나타나기도 했다.

1937년 무렵에는 '빈민구제책'이란 이름 아래 인천의 가정주부들을 대상으로 오전 8시부터 오후 5시까지 일하는 일종의 부업 형태의 근무가 추진되기도 했으나, 인천공장 내에는 일본 내 공장처럼 기숙사가 설치되어 있었다. 노동자들 중에는 이곳을 탈출해 공장 생활에서 벗어나려는 이들도 나오기 시작했다.

오는 봄을 등지고 북으로-북으로. 이민열차의 바퀴 소리가 요란하더니 경북 봉화 지방에는 계속하여 처녀 38명이 동원되어 직장의 씩씩한 일꾼이 되려고 지난 14일 오후 5시 차로 고향을 떠나갔다는 바, 부모 동기들이 차를 붙들고 눈물 흘리는 정경은 실로 보기에 가슴 쓰리었다 하며 이 처녀들은 모두 빈한한 농촌 생활에 쪼들리어 삶을 찾아 며칠 전부터 인천동양방적회사에서 모집한 여직공인데 1년 동안은 일급 25전이 평균이라 하니 이것이 과연 삶을 붙들어 줄는지 의문시 되며 농촌에서 딸 동생 누님이 돈벌어 보낼 것만 기다리는 것도 눈물겨운 것이다. 동 회사 인사게 주임 정호수장井戸秀蔵 씨 외 1명의 인솔로 인천으로 향하였다고 한다.

(「동아일보」, 1938년 3월 20일자)

동양방적 인천공장에서는 지난 2일 경북 정주군 금수면 어은
리에서 여직공으로 김분이와 김두리의 두 처녀를 데려왔었던 바
지난 11일에 그 두 처녀는 어두운 밤에 담을 넘어 도주하였는 바
동공장에서는 전기 본적지로 조회하여 본 결과 자기집에도 오지
않았다 하여 동 공장에서는 남의 딸을 직공으로 맡았다가 잊어
버리고 당황하여 급기야 인천서에 수색원을 제출하였다고 한다.

(『매일신보』, 1938년 8월 31일자)

공장 설립 초기 조업 준비와 교육은 일본에서 건너 온 숙련
여성 노동자들이 맡았다. 1939년에는 동양방적 인천공장이 조
선기계제작소, 일본차량제조, 조선제강 등과 함께 기능자양성
소로 지정되었다. 1년 50시간의 수업을 진행해 양성공을 배출
한다는 계획이었다.

그림 53. 디아이동일주식회사 정문

그림 54. 디아이동일주식회사 담장

한편, 공장이 문을 연 지 얼마 안 된 1935년에 소위 '동방東紡 적색그룹 사건'이 발표됐다. 박영선, 전보현 등 동양방적 인천 공장 노동자 출신들이 주축이 된 이 사건은 피의자 대부분이 부인하긴 했으나, 경성지방법원은 1936년 3월, 치안유지법 위반을 적용해 피의자들에 최고 2년 6개월의 징역형을 선고했다.

당시 경기도 경찰국이 조사해 배포한 자료에 따르면, 사건 관계자들은 '경성 트로이카'의 주요 인물 중 한 명이었던 이재유와 얽혀 있었다. 일본 경찰이 주목한 사건의 발단은 1934년 8월 이재유의 조카였던 이인행의 검거였다. 조선공산당 재건협의회 사건으로 체포된 이인행이 같은 방에 수감된 김삼룡과 함께 '창업일이 얼마 되지 않아 기초가 아직 불안정한' 동양방적 인천공장에서 '적화운동'을 일으키기로 모의했다는 것이다. 기소유예 처분으로 이내 석방된 이인행은 곧바로 인천으로 가 동지인 이석면을 만나 계획을 설명해 동의를 얻었고, 이석면은 곧바로 동양방적 노동자인 박윤식을 소개해 줬다고 한다.

이석면과 박윤식은 1935년 2월 검거됐는데, 일본 경찰은 이들을 조사하는 과정에서 박영선과 전보현 등의 존재를 확인했다고 밝혔다. 박영선 등이 1934년 4월부터 '일본제국주의 절대반대', '노동자농민 해방' 등의 기치를 내걸고, 동양방적 인천공장을 비롯해 경기도 시흥군 안양리 조선직물공장 등에서 동지를 규합해 나갔다는 것이다. '인천적색그룹'이란 비밀결사 조직을 결성해 활동한 이들 피의자들의 강령 중의 하나가 '동방東紡을 중심으로 의식 분자를 획득할 것'이었다는 것이 일본 경찰의 설명이다.[2] 경성지방법원에서 내린 판결은 다음과 같다.

> 징역 2년 반 전보현(22)(미결통산 150일)
>
> 징역 2년 반 박영선(29)
>
> 징역 2년 한창희(29)(미결통산 150일)(단, 4년간 집행유예)
>
> 징역 2년 허차길(23)(미결통산 80일)(단, 4년간 집행유예)
>
> 징역 2년 남궁진(23)(미결통산 80일)
>
> 징역 1년 반 한태열(23)(미결통산 150일)(단, 3년간 집행유예)
>
> 징역 1년반 김환옥(22)(미결통산 80일)[3]

---

2) 「京高特秘」 제895호, 경기도경찰부장, 1935년 4월 4일.
3) 「매일신보」, 1936년 3월 18일자.

동양방적 인천공장은 광복 후에도 같은 자리에서 동일방직 인천공장으로 이름을 바꿔 꽤 오랫동안 자리를 잡아 왔다. 동일방직은 이른바 1976년의 '나체시위 사건'과 1978년의 '똥물투척사건'으로 노동운동의 대명사가 되었다. 모두 노동조합 결성과 관련해 발생한 사건이다. 일제강점기와 마찬가지로 여성 노동자들이 대부분을 차지하던 동일방직 시절에도 일자리가 부족하다 보니 나이를 속여 입사한 어린 학생들도 있었다. 작업 환경 역시 크게 달라진 것은 없었다. 노동자들의 처지는 일제강점기나 광복 후나 변함이 없었다는 게 당시 근무했던 노동자들의 회고다.

해면 매립지 위에 세운 공장이지만 지금은 바다의 흔적을 확인하기 어렵다. 대중교통을 이용해 이곳을 찾아가는 것도 쉽지는 않다. 지하철을 이용한다면 인천역이나 동인천역을 통해 갈 수 있는데, 인천역에서는 걸어서 도착하는 것도 가능하다. 조금 품을 들인다면, 인천역에서 내려 근처에 있는 북성포구를 거쳐 이동하는 방법도 좋다. 인천에는 일제강점기 목재 회사와 조선소 등도 번성했다. 부두를 지나면 그런 과거의 자취를 확인하는 게 가능하다.

동양방적 인천공장 터는 여전히 사기업의 소유지여서 개인이 공장 안으로 들어가는 건 어렵다. 빨간색 벽돌로 이루어진 담장을 따라 공장 주위를 한 바퀴 돌아보는 데 만족해야 한다. 괭이부리마을이나 도쿄시바우라 사택지, 북성포구, 화도진 공원 등이 인접해 있으니 개항 후 일제강점기로 이어진 경관의 변화를 함께 확인해 보는 것도 좋다.

그림 55. 현재 남아 있는 기숙사 건물

그림 56. 디아이동일주식회사 전경

8. 일본차량제조 주식회사 인천공장

찾아가기

대중교통

○ 동인천역 출발시(북부역 방향)

▲ 506번 버스 승차(송현시장~수도국산달동네박물관 정류장) → 화도
진중학교 정류장 하차

승용차

▲ 동구 화수로 64 화도진중학교

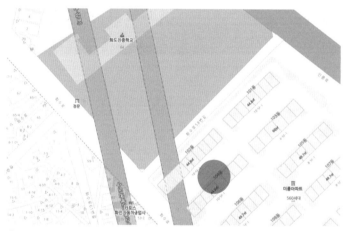

출처 : 인천광역시 지도포털(http://imap.incheon.go.kr)

1937년 10월 문을 연, 주로 철도용 차량을 생산하던 일본
차량제조 주식회사 공장 터다. 지금은 흔히 공작창 터라고 부른
다. 광복 후 철도 차량을 생산, 수리하던 인천공작창이 있었기
때문이다. 공장이 세워진 곳은 송현정 매립지다. 다른 공장들과
마찬가지로 바다를 메워 만든 땅에 들어섰다.

공장 건설 계획이 처음 발표된 건, 1937년 1월 27일 나가이杗# 인천부윤을 통해서다. 총공사비 300만 원에 고용 인원은 4,000여 명에 달할 것으로 예상했다. 추정 고용 인원만 놓고 따지면 동양방적 인천공장의 두 배를 넘는다. 하지만 막상 공장이 가동됐을 때 직공은 150여 명 정도였다.

화수동, 즉 당시의 화수정 매립공사는 아직 진행 중이었다. 매립이 완료되면 비료회사를 비롯해 석유창고 등이 들어설 예정이었다. 공장까지 연결하는 철도 지선도 설치할 계획을 세웠다.

일본차량제조 주식회사는 일본 나고야에 본사를 둔 회사였다. 1896년 창립됐다. 현재도 일본에서 운영중이다. 1920년에는 동경에 있던 아마노天#차량공장을 매수해 사세를 확장시켰고, 1924년에는 기관차 공장을 설치해 종합차량제조 회사로서 자리를 굳혔다. 1931년 일어난 만주사변 이후 철도성이나 남만주철도회사의 수주를 받으며 성장했고, 이 시기 남양지역까지 진출했다. 승용자동차를 일부 만들기도 했지만, 철도차량 제작 회사의 특성상 국유철도와 남만주철도 주식회사의 재정 방침에 의존하는 경향이 컸다. 이것은 달리 말하면, 전쟁의 초입에 들어선 당시, 생산 설비 그 자체로 군수공장으로 전환되는 것이 가능하기 때문에 민간 수요가 없더라도 회사가 재정적 위기에 빠질 염려는 없었다는 것이다. 일본인들이 이 회사를 바라보는 시각이 그러했다.

실제로 일본차량제조회사 인천공장은, 1944년 10월부터 조선에 적용된 '군수회사법'에 따라 그 해 12월 조선총독부가 지정, 발표한 제1차 군수회사 명단에 이름을 올렸다. 군수회사법은 일본에서는 이미 1943년 10월에 공포돼 시행된 법이다. 군수회사가 되면 국가가 관리하는 생산책임자가 지정되어 군수물자의 생산을 담당하게 됐다. 국가가 사실상 기업 운영에 개입, 통제할 수 있는 법적 조치였다.

일본차량제조 주식회사가 인천에 공장을 세운 시기는 철도차량의 수요가 점차 증가해 가면서 사세가 확장되어 가던 무렵이었다. 1937년은 수인선이 설치된 해이기도 했다. 수원과 인천을 연결하는 협궤철도였다. 1936년 6월 1일 착공돼 1937년 8월 6일부터 영업을 시작했다. 수인선은 남동염전, 소래염전, 군자염전 등지에서 생산하는 소금을 각지로 옮겨가기 위해 만든 철도다. 그래서 지금은 남동국가산업단지로 변한 남동염전 한가운데에도 작은 정차장이 있었다. 소래포구의 명물이 된 '소래철교' 역시 수인선의 흔적이다. 수인선은 1994년, 인천 송도와 안산 한양대 구간이 폐선됐고, 1996년 1월 1일, 안산 한양대에서 수원 구간마저 운행을 중단했다. 폐선된 수인선은 복구 공사를 거쳐 2012년부터 일부 구간 운행이 재개됐으며 현재도 공사를 진행 중이다.

일본차량제조회사의 사택도 공장 인근에 조성된 것으로 보인다. 화수동 37-194번지 일대다. 현재도 일부 건물이 남아 있는데, 건축물대장에 의하면 1945년 5월에 신축된 것으로 나타난다. 옛 항공사진을 참고하면 5개 동 정도의 규모였던 것 같다. 현지 주민들이 '철도청 관사'라고 부르는 곳이다.

그림 57. 남동국가산업단지와 승기천

그림 58. 소래포구

　　다른 공장들과 마찬가지로 임금에 불만을 품은 노동자들의
파업도 일어났다. 공장 문을 연 지 2주밖에 지나지 않은 1937년

11월에 첫 파업 시도가 있었다.

일본차량제조 주식회사 파업 관련 신문기사

인천서 고등계에서는 지난 1일 오전 1시경에 시내 송림정에서 이병렬(23) 외 5, 6인을 구인하고 극비밀리에 취조를 계속하고 있는데 자세한 내용은 알 수 없으나 전기 이군은 부내 화수정 매립지에 있는 일본차량공장 직공으로서 지난 15일 그 공장 작업을 시작할 때부터 이래 반달동안 일을 하였으나 한시간 8전씩 준다는 임금을 이것저것 제하고 불과 5전 밖에 아니주므로 하루종일 열시간에 지나지 못하므로 백여 명 직공들은 이에 불만을 품고 동맹휴업을 하려하다가 미연에 발각된 것인 듯하다 한다. (『동아일보』, 1937년 11월 3일자)

인천부 송현정에 있는 일본차량회사에서는 개업한지 2주일도 못 되어 종업원 50여 명이 노임인상을 이유로 지난 1일부터 동맹파업을 단행하였다는데 인천서에서는 주동분자로 주목되는 송림정 이병렬 외 3명을 인치하고 취조중인 바, 사건의 진전이 주목된다고 한다.

(『매일신보』, 1937년 11월 5일자)

인천부 송현정 일본차량공장 철공부 직공들은 지난 27일 돌연 파업을 행하려고 하는 험악한 형세에 처하고 있어 이를 탐지한 인천경찰서에서는 28일 오전 8시경 동 공장에 출장하여 주모자로 인정되는 철공부 간부 2명을 검속하고 엄중 취조중이라는데 그 동맹 파업을 하려던 이유는 지난 26일 지급한 상여금이 철공부와 목공부가 각각 다를 뿐만 아니라 지난달부터 공임 인상을 회사측에 요구하였던 바 나고야名古屋에 있는 본사와 상의한 후 잘 처리하여 주겠다고 말을 이리저리밀고 임금을 올려주지 아니한 관계라 하며 철공부와 목공부의 상여금 차액은 불과 6십 전이라 한다.

(『매일신보』, 1939년 7월 1일자)

1941년에는 소위 '불경낙서사건'도 발생했다. 공장 안에 있는 화장실에서 일본 '황실에 대한 극도의 불경스런' 낙서가 발견

된 사건이다. 경기도 경찰부가 발표한 사건의 요지는 이렇다. 1941년 2월 15일, 임검을 하기 위해 공장을 찾은 경찰서원이 화장실에서 위와 같은 낙서를 발견하자 고등계원 7명이 총 출동해 범인 색출 작업을 시작했다. 연필로 쓴 낙서의 주인공을 찾고자 공장 직원들의 필체를 일일이 대조해 보니 박수용이란 17세의 노동자가 용의선상에 올랐고, 취조 결과 자백을 받았다는 것이다. 박수용은 파평공립심상소학교를 졸업한 후 학교의 알선을 받아 공장에 들어온 신입사원이었다. 결국 기소 의견으로 검찰에 송치됐다.[4]

일본차량제조회사는 광복 후 적산으로 처리되어 미군정이 관리하는 조선차량회사로 이름을 바꾸고 1945년 말부터 다시 조업을 시작했다. 이 무렵 직원은 1천여 명에 달했다.

조선차량회사는 1946년 4월에 '건국 제1호'라고 이름 붙인 기관차를 처음 생산하는 등 활발히 운영되었으나 한국전쟁을 거치며 국유화되면서 인천공작창으로 다시 출범했다. 공작창은 철도의 수선이나 제작 등의 업무를 맡았던 곳이다. 교통부를 거쳐 1963년 철도청 소속으로 이관되었다. 인천공작창이 제작한 철도 차량 중 하나가 1962년에 나온 '재건호'다. 당시 가장 빠른 속도를 자랑했던 무궁화호보다 30분이나 시간을 앞당겼다고 주목받았던 차량이다.

1960년대 우리나라에는 인천공작창을 비롯해 서울공작창, 영등포공작창, 부산공작창 등 4개의 공작창이 운영됐다. 그 후

4) 「불경낙서범인(不敬落書犯人) 검거에 관한 건」, 경기도 경찰부장, 1941년 3월 29일.

1969년부터 공장을 민간에 불하시키는 문제가 제기돼 철도 차량 제작 업무는 민간기업으로 옮겨 갔고, 공작창은 차량의 정비나 수리 업무를 전담하는 곳으로 축소되어 갔다.

1973년 대전공작창이 새로 준공되면서 영등포공작창과 인천공작창이 대전공작창으로 통폐합되며 인천공작창은 1984년 2월 16일 폐쇄됐다. 그리고 그 자리에 미륭건설이 아파트를 건설, 1989년 3월부터 분양을 시작했다.

일본차량제조 주식회사터는 지금은 미륭아파트 단지로 모두 바뀌어서 공장 흔적은 남아 있지 않다. 공장 규모만 대략 가늠할 수 있을 뿐이다. 이곳에 가려면 우선 화도진중학교를 찾아가는 게 좋다. 화도진중학교와 바로 붙어 있는 곳이 아파트 단지다. 단지 앞을 지나가는 도로가 화수로인데, 이 화수로를 가운데에 두고 양쪽에 공장과 사택이 각각 배치되어 있었다. 아직 대규모 개발이 진행되지 않은 곳이기 때문에 인근에도 일제강점기 건물들이 골목에 숨어 있다. 함께 둘러보는 것도 괜찮다. 다만 여전히 주민들이 거주하는 곳이니 조심스럽게 다가설 필요가 있다.

사택지는 낮은 구릉을 사이에 두고 남서쪽으로 화수동의 옛 중심가였던 쌍우물로와 연결된다. 화도진중학교 남동쪽에 해당하는 마을인 이 일대는 현재 재개발 사업이 추진중이다. 언젠가 사라질 운명에 놓여 있다.

그림 59. 인천차량제조 주식회사 인천공장 터

그림 60. 인천차량제조 주식회사 사택 추정지

참고문헌

『경성일보』, 『동아일보』, 『매일신보』, 『부산일보』, 『시대일보』

국립중앙도서관 대한민국 신문 아카이브(http://www.nl.go.kr/
    newspaper).

『골목길 숨은 보물찾기』, 골목길 숨은 보물찾기 운영위원회, 2015.

『화수동과 만석동의 기억』, 인천광역시문화원연합회, 2018.

『인천광역시 동구사』, 동구사편찬위원회, 2019.

『주름진 바닷가 겹겹의 이야기』, 스페이스 빔, 2019.

『시각』(격월간), 스페이스빔.

조순경 외, 『냉전체세와 생산의 정치』, 이화여자대학교출판부, 1995.

김인호, 「일제 말 조선에서의 '군수회사법' 실시에 관한 연구」, 『한국근현
    대사연구』 9, 한국근현대사학회, 1998.

배성준, 「일제말기 통제경제법과 기업통제」, 『한국문화』 27, 서울대학교
    규장각 한국학연구원, 2001.

서문석, 「해방 전후 대규모 면방직 공장의 고급기술자」, 『동양학』 40, 단
    국대학교 동양학연구소, 2006.

배석만, 「일제시기 조선기계제작소의 설립과 경영(1937-1945)」, 『인
    천학연구』 10, 인천대학교 인천학연구소, 2009.

박진한, 「1900년대 인천 해안매립사업의 전개와 의의」, 『도시연구: 역
    사·사회·문화』 15호, 도시사학회, 2016.

『名古屋案内』, 名古屋開府三百年紀念会, 1910.

上泉抱春, 『東洋紡績浜松工場女工教養一斑』, 1929.

中山筑南, 『陸海除隊軍人就職指針』, 岡村書店, 1935.

『名古屋会社年鑑』. 名古屋経済評論社, 1936.

東京芝浦電気株式会社 編,『芝浦製作所六十五年史』, 東京芝浦電気, 1940.

「공유수면 매립 준공의 건(경기도 인천부 화수정)」, 조선총독부, 1940.

「不敬落書犯人 檢擧에 관한 건」, 경기도 경찰부장, 1941년 3월 29일.

「조선기계제작소 운영에 관한 건」, 상공부, 1952

<u>Memo</u>

<u>Memo</u>

<u>Memo</u>